Huub Oosterhuis
Sei hier zugegen

HUUB OOSTERHUIS

Sei hier zugegen
Jesus von Nazaret
nacherzählt

Herausgegeben und ins Deutsche übersetzt
von Cornelis Kok

Patmos Verlag

VERLAGSGRUPPE PATMOS

**PATMOS
ESCHBACH
GRÜNEWALD
THORBECKE
SCHWABEN**

Die Verlagsgruppe
mit Sinn für das Leben

Für die Verlagsgruppe Patmos ist Nachhaltigkeit ein wichtiger Maßstab ihres Handelns. Wir achten daher auf den Einsatz umweltschonender Ressourcen und Materialien.

Titel der Originalausgabe
Hier aanwezig. Een Leerdicht over Jezus van Nazaret
© 2014 Uitgeverij Ten Have, Utrecht, Niederlande
www.uitgeverijtenhave.nl

Alle Rechte vorbehalten
© der deutschsprachigen Ausgabe: 2017 Patmos Verlag,
ein Unternehmen der Verlagsgruppe Patmos
in der Schwabenverlag AG, Ostfildern
www.patmos.de

Umschlaggestaltung: Finken & Bumiller, Stuttgart
Umschlagmotiv: Maxim Ibragimov/shutterstock
Autorenfoto Oosterhuis: © Marjoleins Brons
Autorenfoto Kok: © Maarten Albrecht
Gestaltung, Satz und Repro: Schwabenverlag AG, Ostfildern
Druck: GGP Media GmbH, Pößneck
Hergestellt in Deutschland
ISBN 978-3-8436-0894-7

Inhalt

Einladung 7
Cornelis Kok

Jesus von Nazaret – nacherzählt 9
Huub Oosterhuis

Huub Oosterhuis über Jesus 113
Nachwort von Cornelis Kok

Bibelstellenverzeichnis 124

Zu Autor und Übersetzer 127

Einladung

Sei hier zugegen ist die dichterische *summa* von allem, was Huub Oosterhuis in den letzten fünfzig Jahren über Jesus gedacht, vermutet und sich vorgestellt hat. Mehr darüber finden Sie im Nachwort (Seite 113).

In diesem ›Lehrgedicht über Jesus von Nazaret‹, wie der Untertitel des niederländischen Originals lautet, folgt Oosterhuis durchweg dem Lauf der Evangelien – vor allem, aber nicht nur: Lukas –, bis in die Apostelgeschichte hinein, bis hin zu Pfingsten, zur ersten Gemeinde und zu Paulus, dem ersten großen Jesus-Zeugen für die ›Völker‹, die Nicht-Juden, mit seinen schwierigen Briefen. Die nachgedichteten Bibelstellen sind im Bibelstellenverzeichnis (Seite 124) angegeben.

Dieses mehr als hundert Seiten zählende Gedicht kennt viele Geschwindigkeiten und Perspektiven, von Vogelschau bis Introspektion. Manchmal meldet der Dichter selbst sich als Ich in der Geschichte – er betet, wundert sich, meditiert, fragt, identifiziert sich, hält Abstand.

Das Niederländisch dieser ›poetischen Theologie‹ ist rhythmisch streng und oft sehr knapp, was die Übersetzung ins meist ausführlichere Deutsch nicht einfach macht. Ohne die intensive Zusammenarbeit mit Ulrich Sander wäre nicht gelungen, was hier vorliegt.

Natürlich gelten auch für diese Nachdichtung der Jesus-Erzählungen die letzten Worte des Johannesevangeliums (21,25): »Es gibt aber noch viel anderes, was Jesus getan hat; und wenn eins nach dem andern aufgeschrieben würde, glaube ich, die Welt könnte die Bücher nicht fassen, die geschrieben würden.« Oder so, wie Oosterhuis' frühes Lied *Eine Ballade über das Evangelium* (1964) endet:

> Es gibt noch mehr zu sagen,
> zu viel, es zu behalten.
> Wenn alles deutlich würde,
> wäre die Welt zu klein.
> Wenn wir es singen müssten,
> ging uns die Stimme ein.

Cornelis Kok, im Herbst 2017

Jesus von Nazaret
nacherzählt

Sei hier zugegen, allererster Geist, der
schon im Anfang über Wassern schwebt.

Martinus Nijhoff (1894–1953)
Eröffnungsvers des Gedichtes »Awater«

1

Sei hier zugegen, und es wird gut sein,
was wir hier tun: das Wort zu Herzen nehmen,
das du in Israel gesprochen hast
und uns in Jesus zu verstehn gegeben.

Dies Wort, wenn es noch lebt, sprich es uns zu,
dass wir im Hören zur Gemeinde werden.

Sei hier zugegen wie damals in ihm.
Wir waren weit weg, du ein fremder Gott,
ein unbekannter Name aus den vielen,
doch er hat uns gelehrt, dass wir ihn lieben.

Ein Sohn der Tora, fest in dir gewurzelt,
der uns geworden ist zum Licht der Welt.

2

Gabriel, stehend vor dem Thron aus Licht,
der Feuervogelengel, Bote Gottes.

Maria: Da in ihrer Herzenskammer
– in Nazaret, ein Fleck in Galiläa –,

steht er vor ihren Augen: Sei gegrüßt,
erfreue dich, Begnadete: der Gott
von Abraham, von Mose und Elija,
›Ich werde da sein‹, ist mit dir.

Fürchte dich nicht. Du wirst in deinem Schoß
empfangen, und du wirst gebären
ein Kind, das ›Gott befreit‹ gerufen wird,
Jesus, Messias, Knecht und Menschensohn –
sein Reich wird sein über die ganze Erde.

Maria sprach: Das kann doch nicht geschehen,
solang ich keinen Mann erkennen werde.
›Geist von ›Ich werde‹ wird über dich kommen,
er wird nicht schlafen, Israels Hüter.‹

Sie senkt den Kopf und weiß nicht, was zu denken.
Hier bin ich, ihm zu Diensten, sagte sie.

Dann ist sie aufgestanden und sie sang:

›Er wird an den Verworfenen
sein Wort einlösen.
Nichts ist unmöglich bei ihm, er jagt
Tyrannen von den Thronen, hebt die Armen
aus dem Staub empor, stillt ihren Hunger.‹

Das sang sie. Und ihr Lied wird nie verstummen.

3

Und es geschah in jenen Tagen, Nächten
der kaiserlichen Herrschaft, als die Römer
die ganze Welt in ihrer Macht besaßen,
da ein Befehl erlassen wurde von Augustus:

dass alle Menschen aufgeschrieben werden,
wie Geld gezählt, zum Tod hin festgeschrieben.

Auch Josef mit der schwangeren Verlobten
brach auf aus Nazaret in Galiläa
und ging nach Juda, Betlehem, der Stadt
von David – um sich aufschreiben zu lassen.

Und es geschah, als sie dort unterkamen:
Es wurde Zeit, dass sie gebären musste,
brachte ihr erstgebornes Kind zur Welt,
wickelte es in Tücher, legte es

in einen Futtertrog, zwischen die Tiere,
denn in der Herberg' war für sie kein Platz.

Es gab dort Hirten in der Gegend, die
zur Nacht im Freien wachten bei der Herde.
Jäh stand bei ihnen eine Lichtgestalt,
gesandt von Gott-Ich-werde, ihre Glut
umstrahlte sie. Sie sprach: Fürchtet euch nicht,
denn gute Nachricht habe ich für euch,
und große Freude für das ganze Volk,
für Israel bestimmt, für alle Völker:

Geboren, heute, in der Stadt von David
dein Heiland und Befreier, der Messias –
und dies wird euch ein Zeichen sein: Du wirst
ein Neugebornes schauen, nichts noch, niemand,
zerknittert noch, in einer Futterkrippe.

Dann plötzlich stand da eine Legion
von Lichtgestalten aus dem Himmel, singend,
ein Stimmenheer – sie lobten Gott:
Ehre sei in der Höhe Gott-Ich-werde
und hier auf Erden Friede, Recht, Befreiung
für Menschen, die in Sklaverei geschunden.

Und es geschah, als diese Abgesandten
zum Sternenhimmel aufgefahren waren:
Die Hirten sagten zueinander: ›Gehn wir
nach Betlehem, um selbst, mit eignen Augen,
das Wort zu sehn, das uns so groß erzählt.‹

Sie eilten, wie sie konnten, und sie fanden
Maria, Josef und das kleine Wunder.
Und wer es hören wollte, dem erzählten sie,
und die es hörten, waren starr von Staunen.

Maria hat all diese hohen Worte
still überdacht, bewahrt in ihrem Herzen.
Die Hirten kehrten heim zu ihren Feldern
und lobten Gott und träumten gute Zeiten.

4

Nach sieben Tagen wurde er beschnitten
und wurde Sohn des Bunds mit Abraham.
Er wird die Weisung der Propheten buchstabieren,
die alten Worte schmecken auf den Lippen.

Gerufen wurde dann sein Name: Gott befreit –
den Gabriel, der Engel, rief, eh er
im Schoß der Mutter wundersam empfangen.

5

Und als die Zeit dafür gekommen war:
Sie trugen ihn vor Gottes Angesicht
wie in der Tora aufgeschrieben steht.
Dort war ein Mann, rechtschaffen und ergeben,

er wusste, dass sein Tod nicht kommen würde,
bevor er den Messias nicht geschaut.
Er nahm ihn in die Arme, lobte Gott
und sang:

›Lass, Meister, deinen Knecht in Frieden scheiden,
denn mit den eignen Augen habe ich gesehn,
dass es gut kommen wird mit dieser Welt.

Aufgegangen ist ein Licht in Betlehem,
das Licht der Wahrheit, Stern empor aus Jakob –
es wird bis an der Erde Grenzen reichen.

Es wird geschehen, dass die Kinder sehen
ein Funkeln an dem dunklen Himmel leuchten
und ihre Mütter rufen: ›Siehe da, wer winkt uns?‹

Und übers Meer auf Schiffen kommen
dann Könige und Weise und ihr ganzes Volk.
Sie kommen, nehmen Platz in unsrer Mitte.

Es wird geschehen, dass wir leben, endlich,
in Frieden und Gerechtigkeit zusammen.
Und dann wirst du Gott sein, Einer in allen.‹

6

Wir waren Kinder noch, als es passierte.
›Kommt, lasst uns sehn das Wort, das da geschehen‹,
riefen mit fremden Stimmen unsre Väter.
Wir mussten mit, in tiefe Nacht und Kälte.

Kein Flügelschlag. Nach langem Weg ein Stall,
ein weinend Kind. Geschrei: Er ist es. Er?
Ihr Leben lang erzählten sie von ihm,
von einem großen Licht, das ihnen winkte,

Stimmen aus Worten: Frieden. Und dann später
der Stern entlang dem Himmel fuhr, ein Zug
von Königen und Priestern, die ihn suchten:
›Kind uns geboren, König des Friedens.‹

Und das gekrönte Tier. Der Kindermord.
Damals bis heut das Blut zum Himmel schreiend.
Und das Gerücht, dass er entkommen konnte,
dass er bald wiederkomme – und was dann?

Ruhelos, ohne Halt, unglücklich träumend
von wilden Tieren, die nicht mehr zerreißen,
sind sie gestorben, so wie Menschen sterben,
ohne zu sehn. Sie hatten so gehofft.

7

Zwölf Jahre alt, seine Lektion gelernt.
Sein erster Gang, hoch nach Jerusalem.
Dort wird er laut und streng die Tora lesen,
er kennt die Zeichen der Großen Geschichte.

Stadt meines Herzens, in dir meine Quellen –
was soll das Ding über dem Tempeltor?

Inmitten der Rabbinen saß er da,
und fragte, und befragte dann die Antwort.
Und was geschrieben steht, wird wach in ihm,
und was er hörte, wird er: Israel,

jahrhundertlang in harter Fron geknechtet,
durchs Meer hindurch auf freiem Fuß,
durch Wüsten in das gute, weite Land.

›Gedenk des Wegs, den du mich vierzig Jahre
gehn ließest, mich zu biegen, mich zu prüfen,
um zu ergründen, wie es ist, mein Herz.

Und nun, was willst du, Du-Ich-werde-da-sein,
andres von mir, als dass ich ehrfurchtsvoll
tu deine Worte, deine Wege gehe?‹

Sie fanden ihn, sein Vater, seine Mutter.
Kind, warum hast du uns das angetan?

Er sagte schüchtern: ›Ich konnt' nicht anders.

Wusstet ihr denn nicht, dass ich sein muss
in dem, was meines Vaters ist, das heißt:
in seinen Worten, seiner Welt und Zukunft.‹

Dort, im Heiligtum, hat er den Gott
von Mose und Elija und Jesaja
erkannt, umarmt, gespürt als seinen Vater.

Dreihundert Jahre später wird er ›Gott
von Gott und Licht vom Licht‹ genannt
und ›eines Wesens mit dem Vater‹.

Er ging zurück nach Nazaret mit seinen Eltern,
er war ihnen gehorsam und nahm zu
an Weisheit, an Gestalt und an Erbarmen.

Er zimmerte und aß und trank und schlief.

War er verheiratet, mit Söhnen und mit Töchtern?
Stand er auf Männer, war er schön und groß
oder von kleinem Wuchs? Ob er hübsch war,
gerne lachte oder launisch war und dunkel?

Wir wissen nichts. Gab es ihn überhaupt?

8

Aus deinem abgrundtiefen Licht komm her,
aus der Verborgenheit, gib neuen Anfang.

Erfreu uns mit der lang ersehnten Nachricht,
dass nah du bist, beinah schon hier –

Erschein, die Nacht ist tief, die Tage leer.
Die Menschen sterben und sie sind nicht glücklich.

9

In jenen Tagen, als Tiberius
Kaiser von Rom war, da geschah das Wort
an Israels Prophet dort in der Wüste.

Johannes ist sein Name, er die Stimme,
die ruft, dass es nicht lange währt, das Maß
der Finsternis ist voll, der Tag ist nah.

10

Dreißig Jahre alt war Jesus, als Johannes,
sein Vetter, ging durchs ganze Land hindurch,
rief zur Bekehrung auf und neuem Anfang.
Das gab viel Aufsehen. Die Menschen kamen
in Haufen auf ihn zu: Ach, Mann, wieso
ein neuer Anfang? Hat die Hand von Rom,
der Gott von Unrecht und Gewalt, denn nicht
in seinem goldnen Griff uns alle? Antwort:
Kehr um zu deinem Gott des Rechts und Friedens.

Prophet in härenem Gewand, was tun?
Wer zwei Paar Kleider hat, gib ein Paar weg –
teil miteinander deinen Becher und dein Brot!
Wer bist du, Täufer, bist du der Messias?
Ich bin nicht selbst das Licht, aber gesendet
zum Zeugen, dass das Licht im Kommen ist.

Ich taufe euch mit Wasser, nach mir kommt
er, der euch taufen wird mit Geist aus Feuer.
Du kommst zu mir, entkleidest dich, wer bist du,
dort stehst du, nackt – willst du den neuen Anfang?

Sieh, dort, das Gotteslamm, er wird dich lehren
den langen Weg zum neuen Anfang gehn.

11

Er ist gegangen, weil sein Herz ihn schickte,
die Träume ihm befahlen.
Es geschah,
als er dort betend stand im Jordanfluss,
den Himmel offen sah, und Gottes Geist
herabstieg in Gestalt der Taube,

dass er die Stimme hörte: ›Du mein Sohn,
an dir erfreu ich mich, du Herzgeliebter.‹

Aleph und erster Morgen, Wolke Licht,

steh über mir, so wie du vormals ruhtest
auf ihm, als er da stand, den Tod vor Augen,

er lässt mich hoffen, ich kann's nicht denken,
dass es doch gut wird, einst, mit dieser Welt,

er lässt mich denken: Tod wird nicht mehr sein.

12

Dann hat der Gottesgeist sein Herz geschickt
tief in die Wüste, um erprobt zu werden.

Er wird da vierzig Nächte, vierzig Tage
zwischen den wilden Tieren sein und beten.

Die erste Nacht umfängt ihn eine Erde,
wüst und leer. Er wacht, versucht zu beten.

Zweite Nacht, da Todesstille herrscht.
Wind kommt. Ein Sturm von Sand reibt seinen Leib,
als ob zu weißem Stein er werden müsste,
jahrhundertlang gescheuert. Er liegt, duldend.

Er findet Worte, die er einst gelernt
als kleines Kind: Dein Name sei geheiligt.

Dein Name sei, an den ich mich erinnere,
es sei ein Weg, auf dem ich gehen kann
ins helle, weite Land mit Gärten von Oliven,
es sei ein Grund, der unter mir nicht bricht.

Dein Wille geschehe – möge es dein Wille sein,
dass jetzt ein Engel kommt mit Brot und Wasser.

Manchmal sind die Tage neue Erde, weites Land,
als ob es gut geworden wäre mit der Welt:
das reinigende Morgenlicht, die Glut
der Sonne, tausendfaches Leuchten,

lodernde Mittagsstunde, Abendanbruch,

Wind, der heranweht so wie eine Stimme.

Er betet: Du hast mich deinen Sohn genannt,
ich hab gelernt von den Rabbinen: Sohn ist Knecht.
Wenn ich dein Knecht sein muss, was kann ich dann
erwarten? Nicht viel Gutes, geschlagen werd ich

und erniedrigt werden – hebst du mich dann hoch?
Gibt's keinen andern, der dein Sohn sein will?

Die Psalmen seiner Mutter: Du, mein Licht,
mein Fels, wen sollt ich fürchten. ›An den Ort
der Geier und Schakale hast du mich verbannt‹ –
kommt in ihm auf, er schreit: Ich blieb dir treu,
was tu ich hier noch? War es nicht genug?

Ein Morgen: Fahl vor Hunger, er will tot sein.
Ein Mittag: Leer, kommt keine Sonne durch.
Du, Gott meiner Jugend, du würdest da sein,
wo bist du jetzt in dieser Todeswüste,
wo ich am Boden krieche und vergehe
vor Durst, so wie an einem Kreuz, warum?

So hämmert es in seinem Kopf: Was du willst,
nicht was ich will … Kein Engel kommt.

Da sieht er einen Baum aus Brot, er greift
nach Früchten in die Luft. Den Stamm entlang
die Schlange gleitet schlau herunter. Dann:
Er reißt den Dornbusch aus dem Grund, er krallt
nach Steinen, leckt und beißt sie, schmeißt sie weg.

Die Schlange, blinzelnd, gleitet nah heran.
Ach du, wenn du ein echter Gottessohn bist,
falls du dich traust ... mach Brot aus diesen Steinen.

Von Brot alleine lebt der Mensch nicht, sagt er –
aber von jedem Wort, aus Gottes Mund gesprochen.

Zwei Flügel Abendrot ihm angezogen,
geflogen zu den Zinnen auf dem Tempel:
Auf, spring herunter, echter Gottessohn,
auffangen wird er dich mit seinen Flügeln.

Er weiß auf einmal wieder, was geschrieben:
Du sollst ihn nicht erproben, der dein Gott ist.

Geflogen auf den Berg: Von dort sieht er
in einem Augenblick die Königreiche
der Welt mit ihren Festungen und Heeren
und weiß: Die kann ich kriegen, wenn ich will.

König der Könige und Herr der Herren,
der Kaiser von dem Kaiser werd ich sein.

Dann beugt der Satan sich bis in den Staub:
Die Welt ist dein, wenn du dich beugst vor mir,
Messias, lang erwartet, Gott auf Erden!

Er schlägt ihn von sich, tritt ihm auf den Kopf.
Dann kommen Engel. Tragen ihn auf Händen.

13

Nach Galiläa ging er seinen Weg,
er sah den See, der zwischen Bergen blinkt,
und schlug die Augen auf über den Umkreis
seiner Jugend, er betete und wusste,

dass er nur nah bei sich anfangen musste.
Gott, komm mir zur Hilfe, womit fang ich an!

Sein Ruf ein Lauffeuer durchs ganze Land,
kam er nach Nazaret, wo er der Sohn
des Zimmer-Josef war, immer gewesen,
dort wohnten seine Mutter und die Brüder.

Er ging am Sabbat in die Synagoge:
›Mach meine Lippen rein mit einer Feuerkohle!‹

Dort stand er, unbeirrbar, in der Hand
die Buchrolle Jesajas. Und er sang,
und was er singt, wird er an Ort und Stelle:
Gesandt bin ich, und Gottes Geist auf mir.

Ich öffne das Gefängnis, sprech dich frei,
Verworfener der Erde, komm zu mir.

14

Eine Menge, die versucht, ihn zu berühren,
und sieben Fischer, die er fangen lehrt.
Die Donnersöhne, Judas, der Dolchträger
aus Kerijot. Zwölf hat er ausgewählt.

Er rief beim Namen, die er selber wollte.

Aus meinem Elfenbeinturm rief er mich heraus.

15

Er schlug die Augen auf und sprach und sang:
Gesegnet bist du, Armer, der du bist,
denn dir steht zu das Reich unseres Gottes,
gesegnet, Hungerleider, du wirst essen.

Gesegnet alle, die in Tränen säen,
du aber, reicher Mann, wie wirst du weinen.

Er sprach: Sei ganz, so wie dein Gott,
sei voller Sehnsucht nach Gerechtigkeit,
sei doch barmherzig – denn, wer bist du selbst?
Vergib dem Feind und habt einander lieb!

Sei Salz und Licht! Wer ohne Sünde ist,
werfe den ersten Stein. Wahrlich, ich sage dir.

16

Sein Wort machte uns fassungslos, er sprach
mit Vollmacht. Sprach die alten Worte neu.
Wir brachten unsre Kranken hin zu ihm,
er nahm sich ihrer an, wusch ihre Wunden,

bog eine krumm gebeugte Frau wieder gerade.
Da kamen Männer, wo er war, mit einer Bahre.

Erfüllt die Zeit. Anfang von neuem Anfang,
Er kehrt das Leben dieses Lahmen um:
Was willst du? – Gehen will ich! – Mensch, die Sünden
sind dir vergeben. – Bist du Gott? – Ich bin

ein Mensch, der Sünden kann vergeben. Auf, geh!
Der Lahme tanzte weg und lobte Gott.

17

Von Weitem sah sie ihn, drang auf ihn ein:
Wo du auch gehst, Herr, werde ich dir folgen.
Wo ich auch gehe?, fragt er – Ich Herr? Wer bist du?
Verkauf, was du besitzt, gib es den Armen.

Sie hatte einen Lustgarten an Flüssen,
Goldgruben, teure Viertel. Sie verkaufte.

18

Und es geschah, dass er nach Nain kam –
ein Toter wurde aus der Stadt getragen,
einziges Kind von einer Witwe-Mutter.
Er sprach: Nicht weinen! Und der Zug hielt an.

Er sprach: Ich sag dir, Junge: Aufrecht! Steh!
Ich stand dabei, dachte: Wär ich der Junge!

19

Besprengt mit Tränen hat ihn eine Hure.

›Selig der Schoß, der dich getragen hat.‹

Die Mutter und die Brüder suchten ihn,
sie irrten in der Menge, und man ließ ihn wissen:
Deine Mutter, deine Brüder stehn dort draußen,
wollen dich sehn! Was meinst du, dass er sagt?

Meine Mutter und Geschwister, das sind alle,
die auf Gottes Wort hinhören,

es auch tun.

20

Er wollte fort. So stieg er in ein Boot,
das Boot des Simon wird's gewesen sein,
von ihm so feierlich Steinfels genannt.
Segel gehisst, fuhren wir auf den See.

Er schlief. Der Wind erhebt sich. Sturmböen.
Das Wasser drohte, wir, in Todesangst,
rüttelten ihn wach: Meister, wir vergehen!

Er spricht, er droht dem Sturm, er winkt
dem Wasser, hoch aufwogend, sich zu glätten,
und spricht zu uns: Wo ist euer Vertrauen?

Wir, zueinander, wirr: Wer ist doch dieser,
dass Wind und Wasser ihm gehorsam sind,
dass selbst die Elemente vor ihm knien?

21

Wir segeln nach dem Land der Gerasener.
Da ist ein Mensch, besessen von Dämonen,
in Höhlen wohnt er, nackt ist er und kreischt,
als er uns kommen sieht, stürzt sich zu Boden:

›Du bist der Sohn von Gott-dem-Allerhöchsten –
was gibt es, Jesus, zwischen mir und dir,
ich flehe, quäl mich nicht‹ – Du, komm heraus
aus diesem Menschen, hat er dann gesagt
und hat nach seinem Namen ihn gefragt.
›Ich heiße Legion, unzählig viele,
verdammte Seelen spuken mir im Kopf.‹

Dort war ein Berg mit einer Schweineherde.
Er bittet: ›Lass uns in die Schweine fahren!‹
Jesus stimmt zu, dann stürmt die Herde kreischend
den Berg hinunter, in den See, ertrinkt.

Als sie sich trauten, kamen Menschen gucken.
Sie fanden den Besessenen bei Jesus,
rasiert, gekleidet, und recht bei Verstand.
Sie forderten, er solle weggehen, Jesus.

Der Mann, aus dem die bösen Geister ausgetrieben wurden, bittet Jesus: ›Bei dir, Herr, lass mich bleiben.‹ Doch er sprach: ›Geh, du, erzähl den Nächsten, was aus Gottes Kraft an dir geschehen ist.‹ Er ist gegangen.

Doch es gab niemand, der ihm glauben wollte.

22

Und eine große Menge folgte ihm
bis in die Wüste. Gründe deine Stadt
des Friedens, bat er, jetzt, gib Brot genug
für alle – was er bat, geschah, indem er sprach.

Wir teilten alles. Einen Augenblick war es,
so wie wir voneinander nie gewusst.

Dann bricht der Abend ein. Ich gehe auf ihn zu,
muss ihm jetzt sagen, dass er Gott sein muss,
Jetzt-oder-nie-Messias, lang ersehnt.
Hinter mir johlt laut die Menge: ›Ja, er!

Jesus Messias – du, sei unser König.‹
Er hört sie, nimmt die Beine in die Hand.

Rennt um sein Leben, tiefer in die Wüste,
fällt, kriecht unter Dornensträucher, ruft
›Bedeck mich, Finsternis!‹ Ein Engel stößt
ihn an, hier Wasser, Brot, der Weg ist lang.

Er schnellt hoch, vierzig Nächte, vierzig Tage,
rennt wie in einem Wahn, erreicht den Berg.

Er setzt die Füße, einen nach dem andern,
er tastet sich die Bergwand hoch. Wehr mich
nicht ab, verstoß mich nicht! Ich will
dort sein, wo alles angefangen hat
    mit den Zehn Worten.

Dann taumelt er in abgrundtiefen Schlaf,
hört Schreie und Geheul und Zähneknirschen.

Er steigt zur Höhle auf, wo Mose stand,
als in der Frühe Gott an ihm vorbeiging,
rufend seine Namen: ›Ich bin Gott für dich,
Freund, Gefährte, gnädig und langmütig.‹

In dir entspringen alle Lebensquellen,
in deinem Licht sehn wir das Licht, singt er –
sieht eine Stadt aufsteigen aus dem Chaos,
herab aus einem Himmel des Erbarmens,

Garten, wo Menschen endlich Menschen sind,

was jeder Mensch blitzartig schaut,
weiß, nicht weiß und doch – gegen Verzweiflung hofft.

›In Tagen, die noch kommen, wird es sein:
die Schwerter sind zu Pflügen umgeschmiedet –
Kriegshandwerk ist verlernt, man stutzt den Weinstock
und streckt sich in den Schatten seiner Bäume.

Dann bannst du Nacht und Nebel aus der Welt,
tötest den Tod. Ein Festmahl richtest du
für alle Völker an und wischst die Tränen weg
aus unsern Augen‹, sang er mit Jesaja.

Beschleunige den Tag! Ach, könnt ich etwas tun,
dass er noch heute kommt, zumindest morgen –
dass wir nach so viel Unheil Frieden finden.

So bat er, dachte: Ich kann schon was tun,
ein nichtig Mensch, nichts mehr, doch wohl ein Mensch,
es fängt mit einem an, und einer bin ich.
Fang mit mir an! Und viele werden folgen.

Einer, der den Fluch von Immer-Schlimmer bricht.

So wie ein Sündenbock das tote Schwergewicht
der Schuld trägt, aus der Welt heraus, vielleicht –
er schaudert – muss ich dieser eine sein.

Dann ist er wach. Ein Schock. Traum ist zu Ende.
Den Berg hinab, er weiß: Ich weiß nicht, werde sehn,
komme, was kommt. Er geht auf Flügeln, setzt
die Füße auf das Wasser, und es trägt.

Den Jüngern in dem Boot eilt er entgegen;
es schwankt im Winde auf und ab – Hier bin ich.

23

Er sprach: ›Wer seine Seel' und Seligkeit
um jeden Preis versichert, wird verlieren,
doch wer all seine Seelenkraft einsetzt
für eine neue Welt, erwirbt ein volles Leben.

Wer mir folgen will, bekommt ein Kreuz
schwerer Verantwortung zu tragen: Tag
für Tag sollst du zu finden sein, verfügbar
für Menschen, die es schlecht getroffen haben.
Wie kann ich hier ihr bittres Los erleichtern?
Plagst du dich ab – gesegnet wirst du sein.

Mit Broten fünf und Fischen zwei hältst du
am Leben eine Menge in der Wüste.

24

Wieder stieg er den Berg hinauf, und nahm
Petrus, Johannes und Jakobus mit. Er wollte
dort beten in der Stille seines Gottes.

Und da, als er hier betete, geschieht's,
dass sein Gesicht aufleuchtet vor Verzückung,
auch seine Kleider strahlen, gleißend weiß.

Und dort: Zwei Männer, Mose und Elija,
erscheinen ihm und sprechen Mut ihm zu.
›Bist du bereit, den Auszug zu vollenden,
den wir begonnen haben, hoffend und in Bangen?‹

Petrus, Johannes und Jakobus schliefen
bleischwer – sie wachten auf und sie erkannten
die zwei, die bei ihm standen. Petrus sprach:
›Schön ist es, Meister, hier zu sein, soll ich
Laubhütten bauen, drei, für dich, für sie?‹

Er wusste nicht, was er da sagte. Eine Wolke
kam über ihn. Und eine Stimme klang:
Dies ist mein Sohn, der auserwählte –
     hör auf ihn.

Als diese Worte klangen, sahen sie,
dass er da stand, ihr Meister, todeseinsam.

25

Als er die Tage seines Todes ahnte,
hat er sein Antlitz zu dir hin gewendet:

Jerusalem, Stadt seines Herzens,
Mutter, versteinert.

26

Wir, zwölf Boten seines Gottesreiches,
mit nichts für unterwegs, kein Brot, kein Geld.
Er gab uns Geist und Macht über Dämonen,
sandte uns aus, Erkrankungen zu lindern.

Als ich dich aussandte, hat etwas dir gefehlt?
Nie, keinen Tag, nichts, strahlten wir.

Wir wollen Throne neben dir, so sagten wir,
wenn einst dein Gottesreich gekommen ist.
Kannst du denn meinen Becher trinken, fragte er.
Und du? Ich schon, ich auch. Du wirst ihn trinken,

doch Throne, nein – wir liegen da im Gras
mit Wolf und Lamm, im Tau, an Wasserströmen.

Er zog uns zwölf dicht zu sich her und sprach:
›Wir gehen nach Jerusalem, dort wird
was in Prophetenschrift geschrieben steht
über das Menschenkind, an mir geschehen:

dass es geworfen wird in die Arena,
dem Löwen und Schakal zum Fraß.
    Aber am dritten Tag ....‹

So drohend klang das. Doch dann wieder rief er
laut, lachend, übermütig, wie ein Kind:
›Ich sah den Satan aus dem Himmel fallen
wie einen Blitz – ach, meine lieben Jungen,

ich gebe euch die Vollmacht, Skorpione
und Schlangen zu zertreten. Jeder Feind
wird vor dir fliehen, niemand wird dir schaden:
Dein Name steht im Himmel aufgeschrieben.‹

Nichts, nichts verstanden wir, nichts von diesem,
nichts von einem andern Wort und nichts von ihm.

Doch blieben wir um ihn, so dicht wir konnten,
weil er war, so wie er war: Seine Augen,
seine Hände, und um von seinen Lippen
zu hören unsre Namen.

27

Ein Mann, bewandert in der Lebenslehre
des Mose, der Tora, kommt, ihn zu erproben:
Meister, was soll ich tun, damit ich Einlass finde
im kommenden Reich Gottes?

Was steht in unsrer Schrift dazu geschrieben,
fragt Jesus ihn, wie liest du die Tora?

›Du sollst liebhaben deinen Gott-Ich-werde
mit Seelenherz, Verstand, aus aller Kraft
und solidarisch sein mit deinem Nächsten, der
ein Mensch ist, so wie du, wenn auch ein andrer.

Sehr gut gesagt. Tu dies und du wirst leben.

Wer aber, fragt der Mann, wer ist mein Nächster?
Hör zu, sagt Jesus, und dann legt er los:

Ein Mensch geht von Jerusalem nach Jericho,
wird ausgeraubt von einer Diebesbande.
Sie schlugen ihn halbtot. Zufällig kommt
ein Priester da entlang und sieht ihn liegen
und hastet blind für ihn an ihm vorbei.
Kommt ein Levit, auch so ein Tempeldiener,
sieht, hastet blind für ihn an ihm vorbei.

Dann kommt ein unerwünschter Fremder dort vorüber,
er sieht den Menschen hingestreckt am Boden,
kniet nieder, wäscht die Wunden, hebt ihn hoch,
bringt ihn zu einem Gasthaus und versorgt ihn.

Am Tag danach sagte er dem Gastwirt:
›Sorg gut für ihn! Hier dreißig Silberlinge,
und wird es mehr, dann will ich's dir vergüten,
gleich wenn ich wiederkomme.‹
    Wer, denkst du, ist
der Nächste, allernächste Mensch geworden
für den beraubten, unglücklichen Menschen?

Der ihm Barmherzigkeit erwiesen hat.

So ist es. Geh und handle ebenso.

28

Zwei Söhne hat ein Mensch. Der Jüngste sagt:
›Gib mir mein Erbteil, Vater!‹ Und er geht
nach einem fremden Land und macht dort, was er will.
In einem Nu verspielt er sein Vermögen.

Über das Land fällt eine Hungersnot.
Er weiß nicht, was zu tun, wird Schweinehirt,
will gern mitessen vom Schweinefutter,
Abfall von reichen Tischen. Keiner gibt ihm.

Dann wird er sich bewusst: Im guten Land
des Vaters hat ein jeder Knecht zu essen,
ich aber sterbe hier vor Hunger in der Fremde.
Ich will nach Hause gehn und demütig ihn fragen:
›Ich, weggelaufner Sohn, darf ich dein Knecht sein?‹

Und er stand auf, und kehrte heim zum Vater.

Der Vater sieht ihn schon von weit her kommen,
eilt dem Sohn entgegen, herzt und küsst ihn.

›Vater, ich hab gesündigt gegen dich!‹
Der Vater kleidet ihn in seinen schönsten Mantel
und lässt ein Fest ausrichten wie noch nie.

Dann kommt der Ältere vom Acker heim
und hört den Feierlärm – was ist hier los?
Mein weggelaufnes Brüderchen zurück?
Ich hab dir alle Jahre treu gedient,
schnauzt er den Vater an, und niemals eine Fete!
Doch der hier, der sein Geld vergeudet hat
mit Gangstern, Huren, Bossen, der kriegt
dein Kalb, die fette Mast!

    Der Vater sagt:
Mein Sohn war tot und wurde neu lebendig,
er war verloren und er ist gefunden.

29

Singen konnte er auch. An einem Abend
lehrte er uns dieses Lied – uralte Melodie:

Ein Reicher ging in Purpur und Kristall,
die Feste währten bis zum Morgen all.

Ein Armer, nackt wie eine Kirchenmaus,
lag täglich vor der Tür von jenem Haus

und stöhnte, winkend mit dem Bettelstab,
um ein Paar Krümel, die kein Mensch ihm gab.

Tot wurde er gefunden, nackt und bloß.
Drei Engel trugen ihn in Abrams Schoß.

Der Reiche starb dann auch, bekam ein Grab.
Tief in das Totenreich sank er hinab.

Von Qualen heimgesucht, in Glut und Flamm,
schlug er die Augen auf zu Abraham

und rief: ›Ach, Vater, wend zu mir dein Herz
und schick den Armen mir in meinem Schmerz,

dass Feuersqual von meinen Lippen weicht,
wenn kühlend er sie mir mit Nass bestreicht.‹

Sprach Abraham: ›Was du gehabt, mein Sohn,
besaß er nicht in Armut und in Fron.

Jetzt wird er hier verwöhnt und wird liebkost,
indes du schon auf Erden fandest Trost.

Auch klafft ein Abgrund zwischen dir und hier.
Selbst wenn er wollte, könnt er nicht zu dir.‹

›Dann, Vater, schick zur Warnung vor der Qual
den Brüdern ihn in ihrem Feiersaal,

dass Schrecken falle in ihr hartes Herz
und sie entkommen jenem heißen Schmerz.‹

›Das Wort aus Mose und der Künder Hand
ist ihnen doch von Jugend an bekannt.‹

›Ach Vater, nein, doch wenn da einer käm,
der tot war – und er warnte sie zudem …

Ein Bote, der hervorkäm aus dem Grab,
brächt jeden von den falschen Wegen ab.‹

Doch Abram sprach: ›Wer auf das Wort nichts gibt,
wer nicht im Geiste der Propheten lebt,

wird auch nicht Arme retten aus der Not,
wenn jemand für ihn aufsteht aus dem Tod.‹

30

Sing doch noch eins, rief ich, du singst so schön.
Er sang, die Augen glänzten, Stimme bebte.

Zu dir, Lebendiger,
steigt meine Seele.

Dir vertraue ich:
dass du bist.

Dich verlange ich
einst zu sehen.

Durch die Nacht hin
sehen deine Augen

mich.

Von meinem Elend
wend dich nicht ab.

Mein Vertrauen
beschäme es nicht.

Auf dich warte ich
lebenslang.

Jeden Tag neu
suchen meine Augen

dich.

Und noch eins, ruft Johannes. Und er macht's.
Johannes ist sein Herzensfreund. Dies sang er:

Wer nicht geben will
sein Leben,
es nicht teilen
mit den vielen,
einem andern,

geht verloren.

Doch wer gibt, was
er besitzt,
der wird leben,

aufgegessen,

der wird wissen,
dass er lebt.

31

Und es geschah, er betete und da
kam er zur Ruhe.

    Einer seiner Jünger
bat: Lehr uns beten, denn wir wissen nichts
von Ruh und Stille, Atemholen, Schweigen,
von rechten Worten. Ach, sagt er, du lebst,
leb einfach und gehorche deinem Atem
und Herzschlag, nimm dir Zeit fürs Einfache,
das alle Lebenden am Leben hält.

Aber, wenn du gottesecht willst beten, sprich:
›Vater, dein Name sei geheiligt und vollbracht,
versuchen werde ich, einen Verdammten
aus lebenslangem Frondienst zu befrein,
beitragen werde ich zur neuen Liebe-Welt,
Menschen versöhnen, einen mit dem andern,
mit tausend tausend. Spar mir die Versuchung
der Verzweiflung und erlöse mich vom bösen,
blendenden Zynismus. Lehr mich hoffen

gegen die finstersten Fakten

auf dich.

32

Beten ist Flehen um Dasein, er betet:
Sei hier zugegen, Weg meiner Füße,
Horizont meiner Augen, heller Himmel
schwer auf dem Kopf, Staubwolken, ferne Stadt.

Sei hier zugegen – was auch auf mich wartet,
Tod oder Leben, Gott, sei hier zugegen.

33

Wir ziehen durch die Landschaft Samaria
und ruhen aus am Jakobsbrunnen. Meister,
was hast du vor, was willst du?, fragen wir,
suchst du den Kampf? Zwei Schwerter haben wir.

Mehr als genug – er hasst das Schwert, er weiß,
mit Schwertern rettest du dein Leben nicht.

Er legt den Arm um Judas Messerkerl
aus Kerijot, er legt den Arm um Simon
den Zeloten und verkündet laut:
dass, wer das Schwert zieht,
     sterben wird durchs Schwert.

Simon, mit Feuereifer, starrt ihn an, treuherzig,
nickt ja-nein. Judas schweigt in allen Sprachen.

Nicht Feuer, Schwert, doch liebe deinen Feind,
entwaffne ihn durch Zuvorkommenheit,
schlag nicht zurück, es würde schlimmer werden,
er ist ein Mensch wie du,
     kämpf dich nicht zu Tode,
doch überleb ihn in beherrschter Wut.

Nicht Feuer, Schwert,
     doch durchgehaltne Liebe.

34

Nach Jericho führt unser Weg, der Welt
ältester Stadt. Dort sitzt ein blinder Mann,
ein Bettler, da hört er Gestampf von Füßen,
Geschrei, was ist da los? Jesus trifft ein.

Er ruft, sie schnauzen: Still du! Doch noch lauter
ruft er: Erbarm dich meiner, Sohn von David.

Zur Tagesmitte, einer Wüstenei von Licht,
weiß er, jetzt muss ich los, dagegen an,
mit allem Licht, das ich in Herz und Auge
aufgefangen und bewahrt für jetzt.

Wer bist du, Blinder? Ich?, die ganze Welt.
Was willst du? Sehen will ich. Er sagt:
    Sieh!

35

Ein hoher und bestechlicher Beamter
bekennt die Schuld, vergütet seinen Schuldnern
vierfach, was er verbrochen hat, und gibt
von seinem Eigentum die Hälfte an die Armen.

Du stehst dabei, du hörst ihn es versprechen.
Was ist mit ihm? Hat Gott sich ihm gezeigt?

Er hat gehört: Zur Stadt kommt ein Prophet.
Er will ihn sehn, den Mann aus Galiläa,
der von ›Gesegnet, Armer, der du bist‹.
Zachäus, kleiner Mensch, steigt auf den Baum.

Dann kommt der Meister an und blickt empor.
Tag, armer Reicher, sagt er mit den Augen.

36

Ich will dich suchen und dich finden auch.

So steht geschrieben, und das Wort war er.
So wie er Menschen ansah, und von ferne
sie sah: in ihrem Glanz und ihrem Elend,
so nichtig-wichtig, wie wir Menschen sind.

Ich will dich suchen, und ich werd' dich finden.

37

Er ging, gerade auf dich zu, Jerusalem,
wie einst das Kind entzückt gesungen hat:
›Nun gehn wir hoch zum Hause unsres Gottes,
du feste Stadt, gefügt zu *einem* Ganzen.‹

Dort liegt sie, prachtvoll, und er weint um sie
wie ein verlornes Kind um seine Mutter,

dass sie nicht weiß, was ihr gereicht zum Frieden,
dass sie verspielt und eingenommen wird,
verwüstet und zerstreut, bis keiner sich mehr schert,
vaterlos Mädchen, kinderlose Mutter.

38

Nicht kaiserlich auf einem hohen Ross,
sondern auf einem Eselsfüllen zieht er in sie ein.

Da haben, aus der Menge, die ihn lauthals
umdrängte, einige die Mäntel ausgebreitet
über den Weg, so wie für einen König.
Mit Ölbaumzweigen winkend, rufen sie:

Hosianna in der Höhe, Sohn von David,
gesegnet du, der Kommende von Gott.

39

Er geht ins Heiligtum hinein und sieht
die Wechseltische, das Geschäftemachen,
die Kaufleute mit Lämmern und mit Tauben –
nimmt Stricke her als Peitsche, treibt sie aus,

so wie geschrieben steht von dem Messias:
›Der Eifer für dein Haus hat ihn verzehrt.‹

Haus des Gebets, des Singens und des Sehens,
zu schauen die Vision, den Weg zu weisen,
Lehrhaus für das Gewissen, zur Bekehrung
bestimmt für alle Völker auf der Erde,
Heiligtum des Erbarmens, Gottes Haus,
wer machte dich zu einer Räuberhöhle?

Dort haben die Paktierer mit dem Feind,
die Armen-Unterdrücker sich verschanzt,
Anbeter dieses fremden Gottes, der
Kaiser von Rom heißt, und die Namen trägt
aller Tyrannen, von ehedem bis heute.
Der goldene Adler da über dem Tor –
wie lange noch trotzt du mit diesem Götzen-
bild ihm, der dich auf seinen Flügeln trug,
der uns geflogen hat, bis hier.

So wütend,
so bitter weinte er. Wie heißt der Mensch?

Jesus von Nazaret in Galiläa.

40

Wir: Was für ein schöner Bau, der Tempel,
gut unterhalten, prächtige Fassade.

Doch er: Kein Stein wird auf dem andern bleiben,
so wie von all dieser verdammten Welt
nichts übrigbleibt. O weh, die diese Tage
Kinder stillen. Sonne, Mond und Sterne
fallen. Das Meer steht auf. Es reißen
der Erde Säulen. Steh dann auf, Kopf hoch,

denn näher kommt die Stunde der Befreiung.

Schau auf den Feigenbaum und alle Bäume:
wenn sie ausschlagen, weißt du: Sommer kommt.

41

Es reicht, die hohen Priester kommen
mit Schriftgelehrten in geheimer Sitzung
zusammen, und beschließen, ihn zu töten.

Iskariot ihre Kontaktperson.

42

Er mietet einen hohen Saal – ›Wie sehr
hab ich verlangt, dies Pascha noch zu feiern –

hier ist es, wo ich das letzte Mal
mit euch zusammen bin
unseres Auszugs aus dem Frondienst
zu gedenken.‹

Er bricht das Brot und spricht:
›Brot ist mein Leib,
mach neue Erde, wo kein Hunger herrscht.‹

Als wir gegessen und getrunken haben,
mit Segnungen und Dankgebet
– Iskarioth war auch dabei –

nimmt Jesus einen Becher.

Er schenkt den Becher voll
und sagt ›Meine Seele für euch.‹
Wir trinken.

Wir sehn einander an, verstehen nicht.
Ich frage: ›Was willst du uns sagen, Meister?‹

›Dies: Teil dein Brot und deine Lebenskraft,
dein Herzblut schenke um der Liebe willen,
gib dein Leben, so wie ich es gebe.

Sei meine sanfte Kraft,
mein Leib und meine Seele
in dieser Welt.‹

Dann sagte er, in seinen Augen Tränen,
›Er, der mich überliefert, er ist hier
an diesem Tisch, doch o weh diesem Menschen.‹

Wir riefen: ›Nein, das ist unmöglich!‹ Großer Aufruhr:
Thomas, du? Du Jakobus? Und so schreiend
sahn wir nicht, wie Judas Messerkerl
Jesus noch ansah und den Saal verließ.

Und dann begannen wir auch noch zu streiten
darüber, wer von uns der Größte sei.
Er brachte uns zum Schweigen, als er sprach:

›Die Völker haben ihre Herrscher,
so darf es nicht in unsrer Mitte sein.
Der Größte sei der Kleinste, wer vorangeht
wie einer, der am Tisch bedient –
ich bin gekommen, um zu dienen.‹

Und dann sagt er zu Petrus: ›Simon, Simon,
der Satan naht. Ich hab für dich gebetet,
dass deine Treue nicht zerbrechen wird.‹

›Ich gehe mit dir in des Todes Haft!‹

›Ehe der Hahn kräht, hast du mich verleugnet.‹

43

So gehen wir, Verwirrte, in die Nacht hinein
und kommen auf den Ölberg in den Garten.

Betet, dass ihr nicht nachgebt der Versuchung,
dass nicht die Finsternis euch überwältigt,
sprach er uns zu, ging einen Steinwurf weiter
und dachte: Ich will dieser Eine sein,

ich selbst, der Sündenbock, der Knecht, Lamm Gottes,

wenn dann nur ein für alle Mal die Welt ersteht
von Frieden und Gerechtigkeit, Versöhnung
von Mensch zu Mensch – wo alle Schuld getilgt,
das Leiden ausgetobt, Kummer vorbei,
der Tod getötet.

    Doch auf einmal weiß er,
dass alles bleiben würde, wie es war,
dass er nicht war der Retter dieser Welt.

Ihr, betet, dass ihr der Versuchung nicht erliegt:
die Vision, ein Reich von Recht und Frieden
als bloße Hirngespinste zu verhöhnen,

wollte er uns sagen, doch er fand
das wahre Wort erst einen Steinwurf weiter.

Er sah das Opfer seines Lebens, dünner
als dünn, den Rauch seines sinnlosen Todes.
Er warf sich auf den Boden, und er betete:

Ich will nicht, ist es dein Wille, Vater?

Und es geschah: Ein Engel kam, um ihn zu stärken.
Und es geschah: Sein Blut tränkte die Erde.

Bei dir ist alles möglich – oder nicht?
Lass diesen Becher jetzt an mir vorübergehn!

Dass ich zugrunde geh, ist das deine Wille?
Du, der sich nennt: erbarmend, gnädig und
langmütig, Freund und Vater, Weggefährte,

willst du mein Blut … wer bist du?

Sag's mir, Vater.

44

Wir schliefen, unsre Augen waren schwer,
bis Judas, einer von den Zwölf, ihn küsste.

Waffengerassel. Gott, wo ist mein Ohr?
Hier ist dein Ohr.

    Sie legen ihm Handschellen an,
schleppen ihn mit bis vor den Hohepriester.
Sie fragen ihn: So, du bist der Messias?

Wir flüchten. Petrus folgt von ferne ihm
bis zur Residenz des Hohenpriesters.

Ein Innenhof, Feuer, dort sitzen sie,
Petrus da zwischendrin. Ein Mädchen sieht ihn
im Feuerschein, sie blickt ihn an und sagt:
›Der da war auch bei ihm.‹ Sagt Petrus: ›Mensch,
wie kommst du drauf, ich kenne ihn gar nicht!‹

Die Zeit verstreicht. Ein andrer blickt ihn an.
›Jawohl, du warst doch auch bei ihm, gib's zu,
ich hör's an deiner Sprache.‹ Petrus sagt:
›Ich weiß nicht, wer er ist!‹

Nach wieder einer Stunde:
›Dieser Kerl war auch bei ihm, ein Galiläer,
der Teufel soll mich holen …‹ Petrus flucht:
›Verdammt, ich weiß es nicht, wovon du redest,
ich hab ihn nie gekannt!‹ Es kräht ein Hahn.
Und Jesus dreht sich um und sieht ihn an.

45

Man setzt ihm eine Dornenkrone auf.
Dann spucken sie ihn an: Tag, Judenkönig!
Du Gottes Sohn. Ja? Nein? Ich: Menschensohn.

›Das ist genug, was brauchen wir noch Zeugen!‹

Sie schleppen ihn vor den Statthalter Roms,
Pilatus findet keine Schuld an ihm.

›Ich werd ihn geißeln, dann geb ich ihn frei.‹

Sie schreien: ›Doch er treibt zum Aufstand an!‹
Pilatus: ›Er ist nicht des Todes schuldig.‹

Am Ende siegt die Hetze. Rom entscheidet.

46

Ihn umdrängte eine Menge, viele Frauen.
Er sprach: Weint nicht um mich, weint um euch selbst,
es werden Tage kommen, da man sagt:
Gesegnet sei der unfruchtbare Schoß,

die welke Brust, denn, wenn sie das tun mit
dem grünen Holz, was dann mit Holz, das tot ist?

Wir kamen an den Ort, der Schädel heißt
und ließen es geschehen, dass er dort
gekreuzigt wurde, Räuber links und rechts,
Soldaten quälten ihn mit saurem Wein.

Gedenke meiner, in dein Reich gekommen.
Willkommen, heute noch, im Paradies.

47

Da hing er und sang Psalmen. ›Gott, mein Gott!‹
Er rief und rief, es klang, als ob er hoffte,
dass Rettung kommen würde. Und wir standen
und schauten, seine Freunde auf der Flucht.

Die Sonne schwarz, der Himmel tiefes Grab.
Da schrie er: ›Warum hast du mich verlassen!‹

Auf dich hab ich ... du würdest mich nie ... du nicht.
Du kennst meinen Namen nicht mehr? Ich weiß noch
den deinen, du heißt: ›Ich werde da sein‹ – für wen?

Es ist vollbracht ... doch was?

Sein Atem stockte.
Ich lege die Zukunft in deine Hände,

Vater.

48

Der Vorhang des Heiligtums zerreißt.

Und als der Hauptmann der Soldaten sieht,
was am Kreuz geschehen ist,
segnet er den Gott von Israel
und spricht: ›Der Mensch war wirklich ein Gerechter.‹

Da meldet sich ein Mann, der Josef hieß,
Mitglied des Hohen Rats, doch Gegner
ihrer verräterischen Strategie.
Pilatus überlässt ihm Jesu Leichnam.

Josef nimmt seinen Leib vom Kreuz,
wickelt ihn in weiße Leinentücher.

Er besaß ein Grab, in Fels gehauen.
Dort legte er ihn hin in Todesstille.

49

Bekannte sahen zu, ganz aus der Ferne.

So wie geschrieben: ›Du hast meine Nächsten,
die Freunde mir genommen, die Geliebten
entfremdet mir, sie blicken von mir weg.‹

Doch nicht die Frauen, die aus Galiläa
mit ihm mitzogen nach Jerusalem,

die er von Geistern und Gedankenmächten,
befreit, geheilt ... sieben Dämonen hatte
er aus Magdalena ausgetrieben.

Sie wurden seine Schwestern – liebevoll
hatten sie für ihn gesorgt –, sie sind
zugegen in der Todesstunde. Hier, jetzt.

50

Sei hier zugegen, allererster Geist –
wie damals in der Todesschlucht, als du
die Grube voll Gebein bekleidetest
mit Haut aus Jugend, starken Muskeln, leicht.

Komm, Abendsturm, und weh den Tod hinweg
aus dieser Welt! Hauch Knochen an! Sie leben.

51

Sabbat vorüber: Frauen kaufen Balsam
und gehn zum Grab, sich fragend: Wer wird
den Stein wegroll'n? In Weiß ein junger Mann:
Jesus von Nazaret, er, der gekreuzigt ist?

Er ist nicht hier, ist auferstanden. Kündet!

Sie flohen, panisch, sagten nichts, niemandem.

In der Früh des ersten Tags: Zwei Frauen,
die Erde bebt, ein Engel kommt vom Himmel,
strahlend von Licht, in Kleidern weiß wie Schnee,
er rollt den Grabstein weg: Habt keine Furcht!

Er, der gekreuzigt wurde, Jesus, den ihr sucht,
er ist nicht hier. Erstanden aus den Toten.

Am ersten Wochentag: Drei Frauen haben
mit eignen Händen Balsam zubereitet,
sie nahen sich dem Stein, sie sehn zwei Männer
in leuchtendem Gewand, verbeugen sich.

Was sucht ihr ihn, inmitten eurer Toten,
den Lebenden, er ist nicht hier, er lebt.

Im Dunkel vor dem ersten Tag: Im Garten
beugt eine Frau sich, in das Grab zu sehen.
Frau, warum weinst du?, fragen weiße Stimmen.
Weil sie mir meinen Herr genommen haben.

Gärtner, weißt du, wo er geblieben ist?
Das Morgenlicht. Rabbuni, lieber Meister.

52

Sie kehrten um, die drei, weg von dem Grab:
Maria Magdalena und Johanna
und Mirjam Jakobstochter – um den Männern
zu künden, was geschehen war mit ihnen.

Die blickten starr und fanden es Geschwafel.

Doch Simon Petrus eilte weg zum Grab
und sah es leer, nicht wissend, was zu denken.

Er schloss die Augen, weinte bitterlich.

53

Am selben Tag: Zwei, wütend vor Verzweiflung,
zwei aus unsrer Mitte geben auf. Sie
kehren heim ins Dorf, das Emmaus heißt –
Worüber sprachen sie? Man kann's sich denken.

Ein Fremder stößt dazu, geht ein Stück mit,
Jesus ist's, er selbst, doch ihre Augen
erkennen seine Augen und Gestalt nicht.

Er sprach zu ihnen: ›Was sind das für Worte,
die ihr so aufgeregt einander zuwerft?‹

Sie halten an, verstört, und einer spricht,
einer der zwei (ich war's): Bist du
der einzig Fremde in Jerusalem,
nicht wissend, was geschah in diesen Tagen
im Herzen jener Stadt? Er sagt: ›Was denn?‹

Sie platzen los: Jesus, der Nazaräer,
Mensch von Gott, und was er sagte, tat er,
dieser Mann war ein Prophet fürs ganze Volk.
Doch unsre hohen Herren, Tempelvögte,
haben ihn ausgeliefert an die Macht
der Römer, und dann wurde er gekreuzigt.
Wir hatten so gehofft, dass er es ist,
der diese Sklavenwelt befreien würde.

Nach allem ist es schon der dritte Tag –
doch haben Frauen, drei aus unsrer Mitte,
uns aufgeregt: Sie waren bei dem Grab
noch heute Morgen früh, doch fanden nicht
den Leichnam – plötzlich, wie ein Blitz, sah'n sie
zwei Männer, Boten, weiß wie Schnee, vom Himmel
die sagten, dass er lebt.

    Er sprach zu ihnen:
O du und du, ihr wisst von nichts! O träge,
lichtscheue Herzen, wo ist euer Mut?
Musste er nicht dieses Unrecht leiden,
um so zu werden König-Knecht, Messias?

Und er fing an bei Mose, ging durch alle
Prophetentexte, und er ließ sie sehen,
was über den Messias steht geschrieben.

So waren sie dem Dorf schon nah gekommen.
Er tat, als ob er weitergehen wollte,
doch sie bedrängten ihn: Es ist fast Abend,
der Tag hat sich geneigt, bleib noch bei uns!
Und er ging mit hinein, um dort zu bleiben.

Und es geschah, als er am Tische saß:
Auf dem war Brot, er nahm das Brot, und sprach
den Segen, brach das Brot und gab es ihnen –
und sie erkannten ihn mit off'nen Augen.

Und in dem Augenblick, da sie ihn kannten,
da war er unsichtbar und fort, verschwunden.

Ach, war das Herz nicht wie ein Brand in uns,
als er uns auf dem Weg die Schrift erklärte.

Wir gingen nachts den ganzen Weg zurück,
und fanden in Jerusalem uns alle
voll Lachen und voll Weinen: Er, erschienen
dem Petrus – muss wohl wahr sein, dass er lebt.

Und wir, verschüchtert erst, doch dann unbändig,
erzählten, wie er uns die Schrift erklärte,
und wie wir seinen Charme und sein Charisma
erkannten, als er Brot nahm, brach und gab.

54

Dass er hereinkam – und die Tür war zu,
als ob es spukte, doch er war es wirklich,
Friede euch! Wir konnten's gar nicht glauben,
was wir mit unsern eignen Augen sahn.

Auf einmal stand er da. Seht, meine Hände,
bin ich ein Geist? Ein Geist hat keine Füße
und Schultern. Fasst mich an, ich bin es selbst.
Wir gaben ihm ein Stück vom Fisch, er aß.

Und dass er Thomas, den Verstockten, aufschloss!
Gesegnet, die nicht sehen und doch glauben.

55

Und dass vom Ölberg er zum Himmel fuhr,
und eine Wolke zwischen ihm und uns –

und dass die blendend weißen Boten wieder
da standen, sprachen: Starrt nicht hoch zum Himmel.

Mit Macht und Herrschaft wird er wiederkommen,
um Recht zu tun den Lebenden und Toten.

56

Ich lasse euch als Waisen nicht zurück,
versprach er, ich schick euch den Helfer,
der euch erleuchtet, das ihr euch erinnert,
der die vergessnen Worte in euch weckt.

Komm, du Versproch'ner, tauf uns mit dem Feuer,
das in ihm aufgelodert ist, sä uns
in diese harte, hoffnungslose Welt.

Du Licht der Herzen, Vater aller Armen.
Komm, Geist, mach neu das Antlitz dieser Erde.

So haben wir den Helfer angefleht.

Es wurde Pfingsten, Wochenfest genannt,
fünfzigster Tag nach dem umstritt'nen ersten,
als er nicht im Grab gefunden wurde.
Wir waren unser Zwölf in *einem* Haus,
als es begann zu stürmen, lichterloh.

Über Köpfen standen Feuerzungen.

Petrus sprach für uns. Er tobte laut,
wie es zu einem frisch Bekehrten passt
– er war Jesaja, Joël, Psalmendichter.
Dreitausend ließen diesen Tag sich taufen.

An jedem Tag besuchten wir den Tempel,
und niemand war in Armut oder Not.

57

Rund um einen Tisch – wir teilten alles,
sprachen frei heraus, wie wir nur konnten,
so schwer von steilen Wörtern, wie wir waren,
bewandert auch in vielen Gleichnisreden,
wie Dichter sind, und keiner war beschämt,
denn alles, was wir sagten, fand Gehör.

Jedes Wort: gewägt, gewogen und bewahrt.
Frage, Gegenfrage: Keine Antwort
war unantastbar, ein für alle Mal:
dass Jesus Gottes Sohn genannt wird – ist
nicht Israel sein erstgebor'ner Sohn?

Doch hat nicht Israel die Chance verpasst?

Gibt's einen Gott, der gegen Menschen wütet,
ist seine Majestät beleidigt? Will Er,
dass Adams Schuld bezahlt wird? Braucht Er
das Blut von Jesus? Warum braucht Er das?

›Zerbrochen wegen unserer Verbrechen‹:
Das find' ich grausam, einen solchen Gott!

So spricht da einer. Und ein andrer sagt:
So nicht, der Gott des Mose und Elija,
nicht der von Israel, auch nicht von Jesus.
Es steht geschrieben, dass Er hört und sieht
das Los von Armen und Entrechteten,
ihr Leiden nicht erträgt, kommt zu befrei'n.

Ein Dritter meldet sich zu Wort: Ich denk mir
einen Gott, der im Verborg'nen sieht,
der weiß, wer sonst, als Einz'ger notfalls ausharrt,
der liebt und hofft, nicht hasst und nicht verzweifelt.

So war auch Jesus, und Gott ist es,
der zu Jesus sagt: ›Du, mein Geliebter.‹

Und eine Frau, die afrikanisch klingt,
spricht: Wäre er im Tod geblieben,
wir würden hier niemals so glücklich sein,
so füreinander offen. Und sie betet
und alle singen mit ihr mit: ›Er lebt,
in dir, in mir, was werden wir noch fürchten.‹

Wisst ihr, sagt Johannes – Hand in Hand
mit Jesu Mutter –, dass er zu uns sagte:
›Schaff neue Erde, wo kein Hunger herrscht‹?
Was heißt es, dass wir nicht aufhören können,
die Vision zu hegen und zu singen:

›Es sei das Teilen dieses Brots und Bechers
die Herzensstärkung, dass wir hoffnungsvoll
zusammen wirken, dass die Welt ersteht,
wo Brot und Recht und Würde ist und Liebe
für alles, was da lebt.‹

So singen wir. Und eine Stille sinkt.
Wir sind verlegen. Ach, so große Worte!

58

Ein Fremder hat nach Unterkunft gefragt.
Er ist auf Reisen, und er nennt sich Paulus.
Ist das nicht Saul aus Tarsus – bist du nicht,
der uns verfolgt hat und versucht hat, uns
auszurotten?

>Ja, sagt er, ich bin's.
Doch bin ich dieser Mensch nicht mehr. Hört zu!

Ich bin ein Jude, Kind aus der Zerstreuung,
ich könnte jüdischer nicht sein, beschnitten:
ein Schüler, von Rabbinern unterrichtet
in der rechten Deutekunst der Tora.

Ich hab wohl Jesus, seinen Weg, verfolgt,
ihn nie gesehen, doch ich war mir sicher.

Der Hohepriester hatte mich ermutigt.
Ich soll die Jesus-Bande in Damaskus
zerschlagen, wo auch immer ich sie finde.
Und als ich nach Damaskus kam, geschah es:
Ein Donnerschlag vom Himmel schlug mich nieder,
ein gleißend Licht sah ich und hörte rufen
eine Stimme: Was verfolgst du mich?

Ich fragte: Wer bist du? Sie spricht: Ich? Jesus,
den du verfolgst. Ich dachte: Ich muss sterben.

Die mit mir waren, standen sprachlos da,
die Stimme hörten sie, doch sahn sie niemand.
Man führte nach Damaskus mich. Drei Tage
empfand und sah ich nichts. Dann kam ein Mensch,
der zu mir sprach, da wusste ich: Ich lebe.
Dann fiel es mir wie Schuppen von den Augen.

Es zog mich nach Arabien, zur Wüste,
ich wurde Schüler jener großen Leere,
des unstillbaren Dursts – das währte lang,
drei Jahre –, lernte schweigen, nichts mehr haben,
nicht wissen, warten, manchmal sehn.

Und in den Himmel wurde ich entrückt.
Ich hörte Worte, die unsagbar sind,
sah das Undenkbare ... ich wollte bleiben,
entbunden, sein mit *ihm*. Ich kam zurück,
ein Pfahl war mir ins Fleisch gesteckt, ich lernte
hinkend gehn, da wusste ich auf immer,
dass ich in diese Welt Ihn sprechen sollte,

doch wie?

    Als wir das hörten, schwiegen wir,
verwundert und nicht wissend, was zu denken:
misstrauisch erst, dann hoffnungsvoll erkennend:

Den du verkündest, ist das der Messias?

Den ich verkünde, der ist mein Messias.
Er hat mich weggeführt aus der Verblendung.

Was sahst du, Paulus, dort in deiner Wüste?

Ich sah, was vor mir viele schon gesehen:
der Gott unseres Vaters Abraham,
der Gott von Isaak, Gott von Jakob,
der Israel als Ersten lieb gehabt,
ist Licht und Lebensquell für alle Völker,
will alles sein in allen. So dachte ich:
Kein Mensch muss Jude werden, um in Geist
und Wahrheit umzugehn mit diesem Gott.

Ich sah den Menschensohn, den Knecht gekreuzigt,
wie Saat gesät, gestorben, Jesus sah ich,
lebendig wie der Gott von Israel.
Er blies des Bunds Trompete und erstieg
die Mauer, die die Welt zertrennt. Nach sieben
Stößen stürzt sie ein; um seine Füße
Grabsteine, Schutt. Der Atem seines Munds:
Er weht sie fort, als wenn es Fusseln wären.

Ich sah an *einem* Tisch uns, Männer, Frauen,
sanft, unverschleiert, ohne schräge Blicke,
Knechte und Herren, ohne erste Ränge.
Und alle tranken aus demselben Becher.

Ich sah – Gott sei mein Zeuge, dass es komme –,
was noch nicht ist: den Geist, der *einen* Leib
aus vielen macht: die Menschheit neu geboren,
Messias-Leib, Tod hinter sich gelassen.

Was ist es, das dich treibt, dich reisen lässt
entlang den Küsten der bewohnten Welt;
dich so streng schreiben lässt, so hoch erhaben,
so sicher und gewiss, all diese Briefe?

Er blickt uns fragend an mit scheuen Augen.

Es gibt hier welche, die auf dich nur schwören,
dein Wort, Ihr Neugesetz, sagt Magdalena.

Plötzlich sieht er müde aus und sagt:
Wer auf mich schwört, hat mich verkehrt verstanden.

Dann steht er auf und singt, als ein Chasan:

Zu seinem Leibe werden wir uns einen,
ausstrahlen seine Kraft auf dieser Erde,
wenn wir die Worte tun von Gottes Tora,
so wie Er sie getan und übergegeben.

Sein Geist ist es, der uns zusammenbindet,
und Liebe macht aus uns seine Gemeinde.

Demut, Geduld, Erbarmen, Funken Geist –
wo Menschen abgekehrt sind von Gewalt,
nicht weichen vor der alten toten Welt
von Geld-ist-Gott, vor keinem Regiment,

wo wir einander hüten und beleben,
wo Letzte Erste sind, dort ist Er da.

Seid darum eines Herzens, einer Hoffnung,
der Geist geleite eure tiefste Sehnsucht
nach einer Welt voll von Gerechtigkeit,
wo Brot und Liebe ist, genug für alle.

Geliebte, nie hat jemand Gott gesehn.
Wer nach der Liebe lebt, wird in Ihm wohnen.

59

Tausend und eine Geschichte entstanden,
noch Jahre darauf sprachen wir über ihn.
Wären sie alle auf Blätter geschrieben,
die Welt wär zu klein für so viele Bücher.

Doch diese mussten aufgeschrieben werden,
damit die Hoffnung uns nicht mehr verlässt.

Mehr als Geschichten blieb uns von ihm übrig,
auch: Menschen, die ihn niemals je gesehn,
doch die, von ihm berührt, ihn anerkannten
als ihre große bleibende Erzählung.

Es blieben seine Worte über Liebe.
Und Menschen, die nach diesen Worten leben.

60

Ich dachte dich. Sog dich in meine Seele,
mein Herzgedächtnis: dein Dasein, kurze Zeit
in dieser Welt, von dir gesproch'ne Worte,
dein Tod, und was danach, dein Gott und Vater.

Ergründen wollt ich, was ich mit dir habe.
Ich wog die Texte, die um dich gewoben.

Ich dachte dich lebendig. Mein Verstand
gebot mir, dir voll Sehnsucht nachzueilen,
dort, wo du, Erster aus den Toten, wohnst
in Ihm, der heißt ›Ich werde da sein, keine Angst!‹

In Seinem Namen hör ich dich, sing dich
lebendig. Für die Welt ein Neubeginn.

Huub Oosterhuis über Jesus
Nachwort von Cornelis Kok

I

Huub Oosterhuis ist kein akademischer Theologe, nicht einer, der wissenschaftlich über »Gott« spricht. Wenn er von »Gott« spricht, spricht er poetisch, als »Theopoet«. Und der Gott, über den er spricht, ist keine allgemeine religiöse Gottheit *(quod omnes vocant deum),* kein allmächtiges, höchstes Wesen oder »Etwas«, nicht der Gott der Philosophen, sondern der ganz spezifische, eigenartige Gott der Bibel, der Gott Abrahams, Isaaks und Jakobs, der Gott des Mose und der Propheten. Und der Gott Jesu. Von diesem Jesus handelt das große Gedicht *Sei hier zugegen*. Diese poetische Nacherzählung der Jesus-Geschichte – »Lehrgedicht« heißt der Untertitel der Originalausgabe – ist das Ergebnis eines langjährigen intimen Umgangs mit den biblischen Geschichten über ihn.

»Mit fast neunzehn bin ich in den Jesuitenorden, ›Gesellschaft Jesu‹ genannt, eingetreten und lernte meditieren nach der Methode des Ignatius von Loyola, die sich stark an das ›innere Anschauungsvermögen‹ richtet. Mein neues Leben im Orden begann mit den ›Geistlichen Übungen‹ des Ignatius, dreißig Tage lang vier Meditationen pro Tag: über ›Gottes großen Plan mit dieser Welt‹ und über das Leben Jesu, das wir uns beim Meditieren möglichst konkret vorzustellen hatten, ›mit den Augen der inneren Einbildung betrachtend‹, wie Jesus seinen Weg geht, immer von Menschenmengen umgeben – du musstest dich in diese Menge stellen und aus nächster Nähe sehen, wie er den Kranken, einem nach dem anderen, die Hand auflegte und die Dämonen austrieb. Geistliche Übungen: versuchen, ihm möglichst nahe zu kommen, zu ihm zu gehören. Dich gleichsetzen mit ihm, dich in ihn verwandeln, seinen Geist einüben, denn du musst, du höchstpersönlich, mit Gott weiß wem und wie viel anderen zusammen, zu ihm werden, zu seinem Leib in dieser Welt, zu seiner Präsenz, seiner ausstrahlenden Kraft, seiner Liebesenergie. Du musst eins werden mit diesem Sohn Gottes, mit diesem Messias – seine ›messianische‹ Gemeinde werden. Und das fängt an mit geistlichen Übungen, mit Meditation, Stille, Anschauung, Zuhören, dreißig Tage vier Mal pro Tag. Und dann fortan jeden Tag eine volle Stunde, morgens früh, um so einen Tag lang in sei-

nem Geist zu bleiben. Das war der Auftrag. Was für ein
Auftrag – für wen hältst du dich eigentlich?«[1]

2

Seit den 1960er-Jahren versucht Oosterhuis immer aufs
Neue, Jesu Worte und Taten mit unseren Worten und Taten, mit aller Menschen Leben und Leiden, mit der *condition humaine* kurzzuschließen. Jesus ist vor allem unser
Bruder, Schicksalsgenosse, Menschensohn. So wird er als
›Kind von Israel‹ zum Bild unserer Existenz. Die ersten
Lieder, die Oosterhuis für die Liturgie der Amsterdamer
Ekklesia, einer 1960 gegründeten katholischen Studentengemeinde, schrieb, waren meistens einfache Nachdichtungen der Sonntagsevangelien. Zum Beispiel zu Johannes
15,1–8:

Ich bin der Weinstock,
mein Vater ist der Weingärtner,
ihr seid die Ranken,
so bleibet in mir, ich bleibe in euch,
dann tragt ihr Früchte hier.

Oder das Lied *Er ging von Stadt zu Stadt:*

Er ging von Stadt zu Stadt, er sprach:
Zu euch bin ich gesandt.

---

[1] Huub Oosterhuis, *Kom bevrijden. 150 gebeden,* Kampen 2009, 10.

Für Kranke und Verwundete
hatte er ein Wort, eine Unterkunft [...}

Und jeder, der sich zu Jesu Namen bekennt,
wird Wunder vollbringen
und als eine Lampe erleuchten
den langen Gang unserer Zeit.

Alles hat er wohlgetan.
Zu wem würde ich sonst gehen?

Diese Lieder waren im Original oft mit festem Reim und Rhythmus und auf ganz einfache Melodien geschrieben, so wie auch das von Peter Pawlowsky in Deutsch nachgedichtete *Lied vom Täufer Johannes:*

Kam da von Gott her ein Mann in unsre Welt,
als Rufer und als Zeuge, Johannes war bestellt.

Teilet miteinander das Brot an jedem Tag,
damit in euch der Andre das Heil erkennen mag.

3

Oosterhuis spricht von Anfang an statt von *Christus* meistens von Jesus *Messias,* was er einmal in einer (unveröffentlichten) Predigt an Weihnachten 2003 so ausgelegt hat: »Das griechische Wort *Christos,* das Gesalbter bedeutet, ersetzen wir durch das Wort *Messias,* das uns unmittelbar verbindet mit Jesus von Nazaret als jüdischem Lehrer und Propheten. In seinen Tagen wurde von vielen ein Messias erwartet, einer, der einen Anfang machen würde mit dem Reich Gottes, einer Welt des Friedens und der Gerechtigkeit. Es gab welche, die in Jesus diesen Messias erkannten. ›Christus‹ und ›christlich‹ sind für viele von uns nicht länger so ansprechende Worte, kompromittiert durch eine Politik und eine Moral, die überhaupt nicht auf eine Welt in Gerechtigkeit ausgerichtet sind, durch eine ›christliche‹ Politik, die zum Beispiel oft wenig erbarmungsvoll ist gegenüber Fremden und Asylanten. Statt des Wortes ›christlich‹ verwenden wir ›messianisch‹: Messianische Sehnsucht ist die Sehnsucht nach einer Welt, in der Brot und Recht und Liebe genug ist für alle. ›Messianische Projekte‹ sind Versuche, diese Welt näher zu bringen.«

4
Indem Oosterhuis den Geschichten der Evangelien in seiner eigenen erzählerischen, dichterischen Weise Ausdruck gibt, wird er einigen wesentlichen Aspekten der Gestalt Jesu gerecht, die in der gängigen kirchlichen Sprechart unterbelichtet sind. Da ist zunächst seine Verbundenheit mit dem jüdischen Volk und dessen Geschichte, vor allem mit der prophetischen Leidenschaft, die in dieser Geschichte wirkt. Mose und die Propheten sind nicht lauter »Vorhersager« und »Vorausbilder« *(Präfigurationen)* Jesu, die zudem durch ihn verbessert und übertrumpft würden. Nein, Jesus ist ihr Erbe, und als Prophet steht er so wie

seine Vorgänger den politisch-religiösen Führern seiner Zeit entgegen. Dies ist das zweite, das in der kirchlichen Theologie und Predigt oft vernachlässigt wird: das politische oder gesellschaftskritische Gewicht von Jesu Worten und Taten – seine Entscheidung für die Armen, die Außenstehe, die gesellschaftlich Ausrangierten. Diese befreiende Kraft Jesu wird oft stark spiritualisiert, individualisiert und entpolitisiert.

Der dritte Aspekt betrifft die Rolle der Schüler und Nachfolger Jesu – der »Christen«. Diese Rolle ist häufig reduziert zu einem passiven »Genießen« der Erlösung, die Jesus für sie und alle Menschen gebracht hat. Aber – so lehrt auch die menschliche Erfahrung – die Erlösung, von Oosterhuis meistens »Befreiung« genannt, das Kommen des Messias, ist noch zu erwarten, sie steht noch aus und muss, auch durch diese Schüler als dem »Leib des Messias« in dieser Welt, realisiert werden. Der »kirchliche Jargon«, so Oosterhuis, suggeriere, dass alles bereits durch Jesus Christus geschehen sei: »Er hat uns erlöst am Kreuz durch sein Blut.« Solche Worte haben keine aktuelle, befreiende Kraft mehr, sie wirken eher bedrückend. Oosterhuis versucht in seiner Dichtung, die Worte »Kreuz, Erlösung, Blut« aus ihrem Exil zurückzuführen und sie neu zu verstehen, so viel versprechend, verheißungsvoll und befreiend, wie sie ursprünglich gemeint sind.[2]

---

[2] Vgl. Huub Oosterhuis, *Zien soms even,* Baarn 1982: »De kracht die van hem uitging. Aantekeningen over Jezus van Nazaret«, auf Deutsch in: *Das Huub Oosterhuis Lesebuch,* Freiburg im Breisgau 2013, 140–149.

Damit schließt er unmittelbar an die Gedanken zur Neubelebung alter theologischer (und biblischer) Begriffe an, die *Dietrich Bonhoeffer* (1906–1945) in seiner Todeszelle entwickelte: »wir selbst sind wieder ganz auf die Anfänge des Verstehens zurückgeworfen. Was Versöhnung und Erlösung, was Wiedergeburt und heiliger Geist, was Feindesliebe, Kreuz und Auferstehung, was Leben in Christus und Nachfolge Christi heißt [...] Es ist nicht unsere Sache, den Tag vorauszusagen – aber der Tag wird kommen –, an dem wieder Menschen berufen werden, das Wort Gottes so auszusprechen, dass sich die Welt darunter verändert und erneuert. Es wird eine neue Sprache sein, vielleicht ganz unreligiös, aber befreiend und erlösend, wie die Sprache Jesu«.[3]

5

1979 schrieb der niederländische Liturgiewissenschaftler Herman Wegman einen Artikel mit dem Titel *Die Lieder von Huub Oosterhuis über Jesus von Nazaret*. Nach einer gründlichen Analyse stellt er fest, dass in den späteren Texten (etwa nach 1965) »weniger oder weniger explizit die Rede ist von der Person Jesu von Nazaret«. Er kennzeichnet sie als weniger direkt oder im üblichen Sinne ›liturgisch‹, weniger ›christozentrisch‹, weniger ›kirchlich‹. Darin hat er zum großen Teil recht. In seinen Liedern bewegt

---

[3] Dietrich Bonhoeffer, Gedanken für die Taufe von Dietrich Rüdiger Bethge (Mai 1944), in: Ders., *Widerstand und Ergebung* (Dietrich Bonhoeffer Werke Bd. 8).

Oosterhuis sich tatsächlich außerhalb der üblichen liturgischen Sprachpfade. Die Überreste des alten kirchlichen Jargons mit seinen dogmatischen Untertönen verschwanden aus seinen Texten, und allmählich entwickelte er einen eigenen liturgischen Ton und Sprachstil. Damit aber entging die Person Jesu absolut nicht seiner Aufmerksamkeit. Das zeigt sich in den vielen veröffentlichten Essays, Liedern und Gebeten, in denen er seit 1966 regelmäßig Zeugnis ablegt von der Entwicklung seiner Gedanken über Jesus, von neuem Studium und neuer Besinnung aus theologischen, exegetischen, literarischen und politischen Quellen. Und es zeigt sich in den vielen *tafelgebeden,* eucharistischen Gebeten, die Oosterhuis seitdem schrieb und in denen das Gedenken an Jesus von Nazaret sachgemäß in der Mitte steht.

6

In seinen Veröffentlichungen versucht Oosterhuis auch regelmäßig neu zu verstehen, was im kirchlichen Glaubensbekenntnis aus dem vierten und fünften Jahrhundert über Jesus gesagt wird, aber dann nicht als *Definition,* sondern eher als Doxologie (Lobpreis), als Hymne, als Poeto-theologie. 1988 schreibt er: »So wurde von den ›Vätern‹ des Konzils von Nizäa gesungen, erleichtert, als alles Kopfzerbrechen und alle Verketzerungen vorbei waren [...], was da steht, hat die Kraft eines Liedes. Ein Lied über Gott und Jesus (...). ›Eins und allmächtig, Macher des Himmels und der Erde, aller sichtbaren und unsichtbaren

Dinge‹ wird Gott genannt, aber vor allem ›Vater‹. Aus diesem Vater ist Jesus vor allen Zeiten geboren, eingeboren, erstgeboren der Sohn. Und da steht (Sprache aus dem Schmelzofen, siebenmal geläutert):

›Gott von Gott, Licht vom Licht,
wahrer Gott vom wahren Gott,
geboren, nicht gemacht,
eines Wesens mit dem Vater‹.«[4]

Oosterhuis hält daran fest, dass »die Dichter der Hymne von Nizäa nichts anderes gewollt haben als das Bejahen der biblischen Glaubensgeschichte. Das Glaubenslied von Nizäa sagt: ›Gott‹ ist nur der Vater Jesu. Wo im Geiste dieses ›Sohns der Tora‹ Gerechtigkeit und ›Habt einander lieb‹ vollbracht wird, da ist Gott in unsrer Mitte.« So nimmt Oosterhuis den alten Text des Konzils für sich in Anspruch. 2009 verarbeitet er das konziliare Credo in einem Kyriegebet:[5]

Geboren, nicht gemacht,
einer Leidenschaft und einer Seele,
eines Wesens mit dem Vater:
Sei gnädig, komm zu befreien: *Kyrie eleison.*

---

[4] Huub Oosterhuis, *De dag die komt*, Kapellen 1988, 165f; vgl. auf Deutsch: Huub Oosterhuis, *Dein ist die Zukunft. Meditationen-Gebete-Lieder von Advent zu Advent*, Freiburg im Breisgau 1992.
[5] Huub Oosterhuis, *Kom bevrijden. 150 gebeden*, Kampen 2009. Das zitierte *Kyrie* sowie das zitierte *Agnus Dei* sind dort Teil eines mit »Jesus, Sohn der Tora« überschriebenen »Dienstes des Wortes und des Tisches« (94-106).

Also: Die »Wesenseinheit« von Vater und Sohn ist keine abstrakte Realität, sondern eine Einheit von Leidenschaft und Seele. Auch das »Lamm Gottes« der Liturgie bearbeitet Oosterhuis neu:

> Wie ein Lamm
> trage die Sündenlast
> aus dieser Welt heraus [...]
>
> hast du gesagt,
> hast du getan
> Jesu Christe
>
> hast du gesagt
> damit wir es tun
> ihm nach

Hier kommt auch der Christus-Name für einen Augenblick zurück, aber dann in der zärtlichen alten Anredeform ›Christe‹. Zugleich wird deutlich, dass diesem einen Lamm von vielen gefolgt werden wird, muss, die zusammen Elend, Unrecht, Sünde aus dieser Welt heraustragen.

7
Die ganze »Christologie« von Huub Oosterhuis lässt sich zusammenfassen in einem (auch als Lied vertonten) Gedicht *Manchmal bricht dein Licht:*

Manchmal bricht dein Licht
in Menschen durch, unaufhaltsam,
so wie ein Kind geboren wird.

Gedenk des Menschen,
der genannt wird: dein Kind,
dein Königreich, dein Licht.

Keine Finsternis hat je ihn überwältigt.
Gedenk unser, die, wie er,
geboren sind, ein für alle Mal,
die aus seinem Mund deinen Namen hörten,

die leben müssen im Schatten des Todes,
leben, ihm nach.[6]

---

6 Huub Oosterhuis, *Du Atem meiner Lieder. 100 Lieder und Gesänge*, Freiburg im Breisgau [1]2009, [2]2017, Nr. 69 (Übersetzung: Kees Kok; Musik. Bernard Huijbers).

Bibelstellenverzeichnis

1 Galater 4,4; Johannes 1,19
2 Lukas 1,16–18.46–54
3 Lukas 2,1–20
4 Lukas 2,21
5 Lukas 2,22–32
6 Matthäus 1,16–19
7 Lukas 2,41–50; Deuteronomium 8,1–6
   Credo von Nicäa (325 n. Chr.)
   Lukas 2,51–52
9 Markus 1,1–8
10 Lukas 3,1–18; Johannes 1,6–8
11 Lukas 3,21–22
12 Lukas 4,1–13; Psalm 27,1; Psalm 44,20, Psalm 91,11–12
13 Lukas 4,14–21; Jesaja 6,1
14 Lukas 5,1.3–11
15 Lukas 6,13–26, Johannes 8,7
16 Markus 1,27; 2,1–12
17 Lukas 18,18–27
18 Lukas 7,11–17
19 Lukas 7,36–38; 11,27–28; Markus 3,31–35
20 Lukas 8,22–25
21 Lukas 8,26–39
22 Johannes 6,1–15; 1 Könige 19,4–9; Exodus 34,6–7
   Offenbarung 21,10; Micha 4,1–5; Levitikus 16,20–22
   Markus 6,48–50

23	Lukas 9,13–17.23–27
24	Lukas 9,28–36
25	Lukas 9,51
26	Lukas 9,1–6; 10,17–20; 18,31–34 Markus 10,35–40; Jesaja 11,6
27	Lukas 15,11–32
28	Lukas 10,25–37
29	Lukas 16,19–31
30	Psalm 25; Matthäus 16,25
31	Lukas 11,1–4; Matthäus 6,9–13
33	Johannes 4,5; Lukas 22,38; Matthäus 16,52
34	Lukas 18,35–43
35	Lukas 19,1–10
36	Genesis 50,24
37, 38	Lukas 19,28–44
39	Lukas 19,45–56; Psalm 69,10; Jesaja 56,7 Jeremia 7,11
40	Lukas 21,5–38
41	Lukas 22,1–6
42	Lukas 22,7–39
43	Lukas 22,39–44
44	Lukas 22,49–51; 22,54–62
45	Lukas 22,63–71; 23,1–25
46	Lukas 23,27–43
47	Markus 15,33–35; Psalm 22; Lukas 23,47, Johannes 19,30
48	Lukas 23,44–56
49	Psalm 88
50	Ezechiel 37,1–6
51	Markus 16,1–9; Matthäus 28,1–6; Lukas 24,1–6; Johannes 20,11–18
52	Lukas 24,9–12
53	Lukas 24,13–35
54	Johannes 20,19–28
55	Apostelgeschichte 1,9–11

56 Apostelgeschichte, 1,5–14; 2,1–42; Joël 3,2
57 Apostelgeschichte 2,42; Römer 5,12–21; Jesaja 53,5
58 Apostelgeschichte 9,1–19; 2 Korinther 12,2–7;
    Genesis 32,31; Galater 2,3; Josua 6,15–20;
    1 Korinther 12,12–31; 1 Johannes 4,12
59 Johannes 20,31; 21,25

Zu Autor und Übersetzer

Huub Oosterhuis, geb. 1933, Dichter. Oosterhuis trat 1952 in den Jesuitenorden ein, studierte Philosophie, niederländische Sprach- und Literaturwissenschaft und Theologie. Er wurde 1964 zum Priester geweiht und 1965 als Studentenpfarrer eingestellt in der Amsterdamer »Studentenekklesia«. Der *Ekklesia Amsterdam,* wie sich die 1960 gegründete Gemeinde seit 2015 nennt, ist er noch immer als »Vorsteher« verbunden. Für sie schreibt er bis heute seine Liturgie erneuernden Lieder und Gebete. Um die sechshundert Lieder und Gesänge wurden und werden vertont von ihm eng verbundenen Komponisten und finden in vielen kirchlichen Kreisen der Niederlande großen Anklang. 2002 wurde ihm dafür die Ehrendoktorwürde der Freien Universität Amsterdam verliehen. Sein Werk wurde zu einem Großteil ins Deutsche übersetzt. Am 19. November 2014 erhielt er in Bonn den deutschen Ökumenischen Predigtpreis für sein Lebenswerk. Neben seiner umfangreichen theologisch-liturgischen Arbeit schrieb Oosterhuis immer auch »freie« Poesie. Er gründete eine »Schule der Poesie« für Schulkinder, förderte auf der Suche nach mehr

Gerechtigkeit die politische Debatte in den Niederlanden und errichte dazu in Amsterdam mehrere Zentren für Religion, Politik und Kultur. 1998 empfing er dafür den Silbernen Orden der Stadt Amsterdam. 2014 erschien die deutsche Ausgabe seiner Nachdichtung der 150 biblischen Psalmen auf Deutsch.
Im Internet: www.huub-oosterhuis.de

Cornelis Kok, geb. 1948, nach seinem Theologiestudium in Amsterdam wurde er Mitarbeiter von Huub Oosterhuis in der »Stiftung Lehrhaus und Liturgie«, die gegründet wurde, um das Studium der biblischen Glaubensüberlieferung als Hintergrund und Quelle der Liturgie zu fördern und die wachsende Zahl der Lieder von Huub Oosterhuis herauszugeben und zu verbreiten. Zu diesem Zweck organisiert Kees Kok jährlich »Liedtage« in den Niederlanden, Deutschland und der Schweiz. Seit 1989 arbeitet er, zusammen mit anderen Übersetzern, an deutschsprachigen Ausgaben der Lieder und Texte von Huub Oosterhuis. Kok veröffentlichte neben zahlreichen Zeitschriftenartikeln Bücher über die liturgische Poesie von Oosterhuis und über die »Kunst der Liturgie«. Er ist Mitglied des liturgischen Teams der »Ekklesia Amsterdam«
Im Internet: www. ekklesia-amsterdam.nl